Is It?

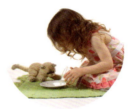

Written by
Stephen Rickard

Is it a map?

It **is** a map.

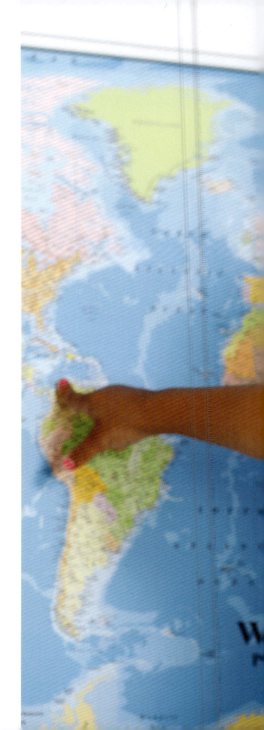

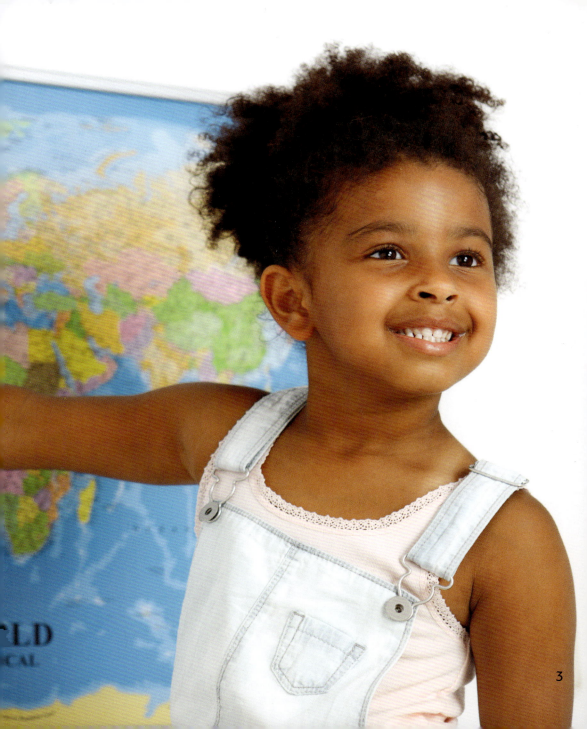

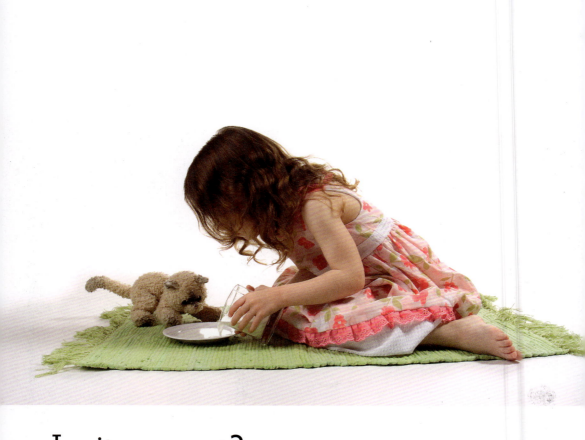

Is it a mat?
It **is** a mat.

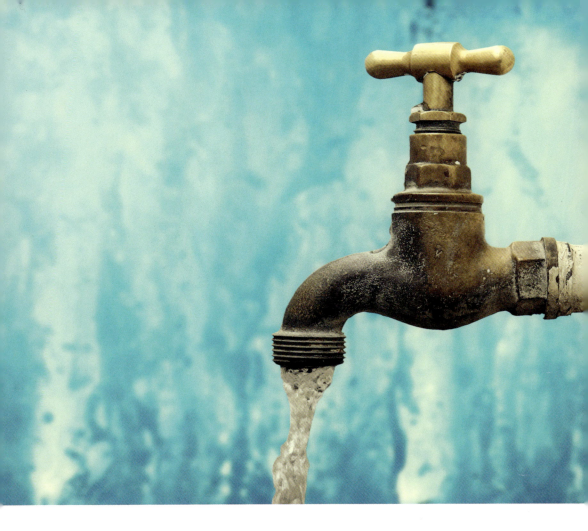

Is it a pin?

A pin? It is a tap.

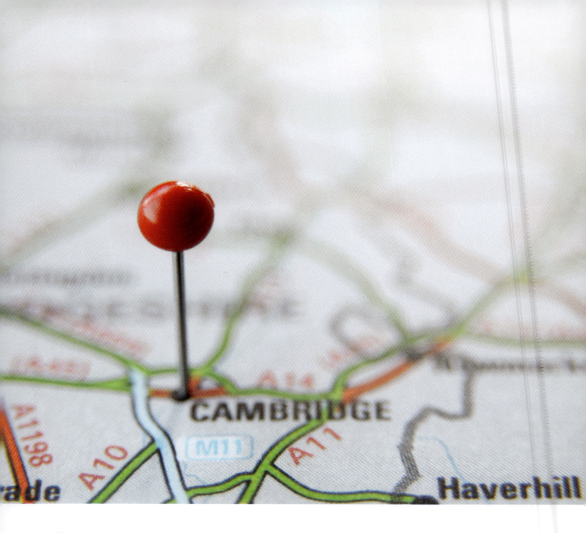

Is it a tap?

A tap? It is a pin.

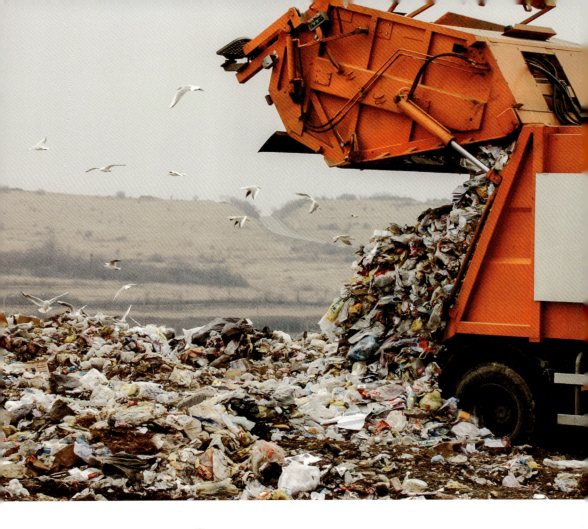

Is it a tip?

It **is** a tip.

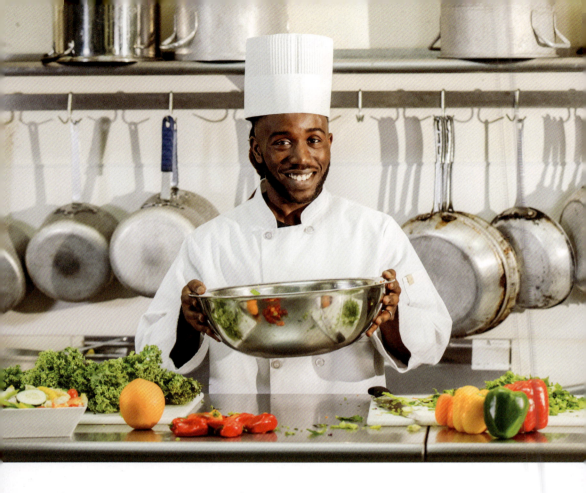

Is it a man?

It **is** a man.

It is Sid. Sid tips a pan.